AF253642

27

L n 20120.

NOTICE BIOGRAPHIQUE

SUR

M. LE B^{on}. DE VAUQUELIN,

PAR

Le comte DE BEAUREPAIRE.

Extrait de l'Annuaire normand. — Année 1861.

CAEN,

CHEZ A. HARDEL, IMPRIMEUR-LIBRAIRE,

RUE FROIDE, 2.

—

1864.

NOTICE BIOGRAPHIQUE

SUR

M. LE BARON DE VAUQUELIN.

M. le baron de Vauquelin-Deschênes (Eustache-Louis),
né au château d'Ailly le 23 février 1769 , y est décédé le
30 août 1860.

Voici en quels termes le *Journal de Falaise* a annoncé
sa mort :

« Les pauvres et les œuvres établies parmi nous pour
les soulager ont fait une perte sensible dans la personne
de M. le baron de Vauquelin-Deschênes. »

Nous allons rappeler brièvement ici comment cette vie,
dans la dernière partie de son cours, s'est passée sous
nos yeux, tranquillement, uniformément, occupée à
poursuivre les utiles et bienfaisants loisirs que la *Statistique de l'arrondissement*, il y a plus de trente ans, signa-
lait en ces termes :

« M. de Vauquelin ne quitte le château d'Ailly à au-
« cune époque de l'année. Ami des lettres et de la
« science , il s'est entouré de leurs produits et de leurs
« plus riches merveilles.

« Dans son domaine voisin de Ste.-Anne , presque
« entièrement composé de coteaux arides , de champs
« ingrats en apparence et infertiles pendant long-temps,
« un possesseur riche et obstiné dans ses résolutions

« s'est essayé d'animer cette nature et d'y répandre la
« vie avec la fécondité. Ses grands efforts ont amené de
« grands résultats, et nous ne pouvons passer au milieu
« de cette plaine couverte de moissons sans dire ce que
« nous y avons vu, ce que nous y avons admiré, sans
« payer à l'utile propriétaire la part d'éloges que nous
« croyons lui devoir, au nom de la société.

« M. de Vauquelin-Deschênes a étudié l'agriculture
« pratique en Angleterre, et il a voulu l'appliquer sur le
« sol le plus aride de nos contrées; il a complètement
« réussi dans sa petite ferme modèle. »

En passant la revue des divers perfectionnements intro-
duits dans cette exploitation, l'auteur de la *Statistique* se
plaignait qu'ils ne fussent pas assez généralement appré-
ciés dans tout le pays, et que M. de Vauquelin, avec le
dédain naturel à une *âme fière et élevée*, refusât de faire
un appel à l'opinion sur des travaux dont il poursuivait le
cours, dans le seul but de leur utilité. « Dans vingt ans,
« dans trente ans au plus, dit en terminant M. Galeron,
« alors seulement ce riche gentilhomme, qui passe ses
« jours à cultiver ses champs au lieu de dépenser follement
« ses revenus dans une grande ville, sera dignement placé
« dans l'estime publique; son nom restera cher et vénéré
« dans la contrée au milieu de laquelle il aura laissé de
« grandes leçons et de beaux exemples. »

Le temps des réparations ne pouvait manquer d'arriver:
ainsi, en 1838, l'*Annuaire de l'Association normande*
reconnaissait que la petite ferme de Ste.-Anne avait été
le berceau de l'agriculture nouvelle dans nos contrées;
ainsi encore quand, en 1852, lors du concours départe-
mental d'agriculture officiellement ouvert à Falaise, la
Commission nommée pour aller inspecter et juger les

meilleures fermes et exploitations, et pour signaler à l'émulation publique les bons modèles, mit en relief ceux que réunissait M. de Vauquelin ; elle fit voir que le noble vieillard était resté fidèle à ses goûts, à son nom, fidèle à donner à notre agriculture les soins et l'impulsion qui dépendaient de lui, et elle lui fit décerner solennellement la *grande médaille d'argent*.

Les commissaires, ainsi appelés à vérifier l'état et la tenue de son domaine, durent y être frappés d'un double caractère empreint du reflet d'une ferme possédée et tenue chez nos voisins par un *gentleman* : c'est, d'un côté, le cachet d'aisance et de bon goût appliqué dans les constructions et dans les différents services de l'exploitation, et, d'un autre côté, la simple et gracieuse décoration des alentours.

Les habitants de la ville, que peuvent attirer la fête et le pélerinage de Ste.-Anne-d'Entremont, y arrivent par le flanc oriental de cette grande butte de sable qu'on appelle le Mont-d'Éraines. Là, aujourd'hui, ces sables sont métamorphosés en beaux massifs d'arbres verts, bien dessinés et groupés ; en gracieuses prairies habilement contournées et ondulant sur le revers de la montagne, sorte d'oasis verdoyante qui fait oublier la sécheresse de notre grand plateau, et qui a été ainsi disposée, pour notre agrément et pour l'embellissement de nos campagnes, par un habile et ingénieux propriétaire, dont l'œuvre, vue de loin, domine désormais d'une cime de haute végétation cette crête séculairement aride.

Une qualité qui distinguait éminemment M. de Vauquelin, qui semblait instinctive chez lui, et qui s'était encore perfectionnée par ses utiles observations et études en Angleterre, c'était un goût exquis et une merveilleuse

dextérité pour diriger, et au besoin pour aider à exé-
cuter, l'embellissement et l'appropriation d'une résidence
comme celle où il s'était fixé, et où il pratiquait ce culte
de la vie rurale, religieusement conservé en Angleterre
par ces vieilles familles normandes auxquelles appartenait la sienne. Cette fidélité à l'existence champêtre est
un exemple bon à citer aujourd'hui, quand on déplore
l'abandon des campagnes pour les villes par toutes les
classes de la société, et quand un écrivain distingué (1)
nous fait remarquer que la richesse agricole de l'Angleterre dérive principalement du goût de la portion la plus
opulente et la plus influente de la nation pour la vie
rurale; que, de plus, le goût pour cette vie est reconnu
par un grand pays comme un précieux élément politique
et social, comme y favorisant la liberté, l'aisance, l'ac-
tivité paisible, le bonheur domestique. M. de Lavergne
ajoute : « Pourvu qu'une portion toujours plus grande
« de la société vienne repeupler nos manoirs déserts,
« ce sera toujours un bienfait. »

Ce bienfait ne sera pas retiré à notre contrée : le gra-
cieux manoir habité et embelli par M. de Vauquelin ne
sera point, par ses pieux enfants, condamné à ne rappeler que de stériles souvenirs.

Gêné par une grave infirmité de l'ouïe, dans les douces
communications de société et de famille, M. de Vauquelin
subissait plus d'un effet douloureux de cette privation
qu'il sentait profondément ; il était condamné trop habi-
tuellement à vivre solitaire, même au milieu des siens,
dans son propre salon ; son âme active avait à se replier

(1) M. Léonce de Lavergne : *Essai sur l'économie rurale des royaumes britanniques.*

sur elle-même ; et , quand elle trouvait jour à s'épancher, on pouvait la reconnaître préoccupée tantôt d'une noble sympathie pour les intérêts publics, dont il suivait le mouvement avec une attention soutenue , tantôt d'un tendre intérêt pour des objets de son affection , en-dehors même du foyer domestique.

L'âge avait fini nécessairement par amortir un peu , chez lui , la vigilance habituelle à tous les devoirs du propriétaire, sauf celui de ces devoirs qui s'appliquait aux pauvres. Les personnes qui ont connu M. de Vauquelin, dans la simplicité de ses goûts et de sa vie , peuvent dire qu'il soignait les pauvres plus que lui-même. Pas une souscription de charité ouverte sous ses yeux à laquelle il ne voulût participer , pas une misère qu'il n'eût à cœur de soulager ; et cela, toujours avec une discrétion complète et rigoureuse , cachant sa main avec un soin scrupuleux, et s'ingéniant pour trouver , afin de la soustraire aux remercîments , des moyens qu'il ne permettait pas de trahir. Le 29 août , veille même d'une mort si bien préparée devant le Seigneur par tant de bonnes œuvres , il donnait à son curé un secours pour les pauvres, et entrait dans le détail des mesures à prendre pour qu'on lui fît connaître leurs besoins. « Il faut, disait-« il, que les nécessiteux soient secourus. »

Après avoir reproduit ce premier tribut, offert à la mémoire de M. de Vauquelin par la feuille périodique de la contrée, nous allons reprendre les quelques détails qui doivent compléter sa biographie.

Il appartenait à une antique famille d'épée, qui , dans l'avant-dernier siècle, avait donné deux commandeurs à la chevaleresque milice de St.-Jean de Jérusalem; l'un d'eux « avait servi long-temps dans l'armée de la religion,

« jointe à l'armée des Vénitiens pour reprendre la Morée
« sur le Turc. »

Antérieurement, un autre de ces Vauquelin, sieur de
Grosparmy et de Beaumont, avait obtenu, du roi Louis XI,
droit d'érection d'une chapelle, avec bénéfice de cha-
pellenie et patronage héréditaire, en « reconnaissance des
« bons et fidèles services reçus du sieur Vauquelin au fait
« des guerres et dissensions du royaume de France, où
il s'était toujours porté vaillamment et fidèlement suivant
« que le tout est constant par la chartre royalle donnée
« au Plessis-du-Parc le pénultième jour de décembre
« 1482. »

M. le baron de Vauquelin entra aux chevau-légers à
l'âge de quinze ans, passa comme officier au régiment de
dragons, commissaire-général, et servit enfin dans l'armée
des Princes jusqu'au licenciement.

Ces quelques lignes sont tout ce que nous savons des
services militaires du défunt qui les jugea dignes de la
croix de St.-Louis ; il la demanda en envoyant ses titres
à la Commission ; mais celle-ci les égara, et il ne voulut
ni les réclamer, ni renouveler la demande ; il supporta
cet échec avec la fierté d'âme qu'on a vu citer plus haut
à propos d'autres services méconnus par l'opinion.

Revenu en France, il épousa, le 18 juin 1805, à Fon-
tainebleau, Victoire-Louise-Marguerite, fille du comte
d'Albon, connu comme écrivain, et de Mlle. de Castellane,
tante du noble guerrier de ce nom qui, dans son com-
mandement à Lyon, a su, en de mauvais jours de ces
derniers temps, faire reposer avec sécurité, à l'ombre
de son bâton de maréchal, cette importante cité.

L'union ainsi contractée par M. de Vauquelin allia sa
famille à deux maisons illustres, souveraines jadis, en
Provence et en Dauphiné.

Le comte d'Albon, son beau-père, était, lors de sa mort survenue en 1789, seigneur, et même encore prince, ou, si l'on veut, *Roi...* d'Yvetot.

Nous le voyons, dans un titre de 1776, qualifié de très-haut et très-puissant prince d'Yvetot, seigneur patron, haut-justicier de cedit lieu d'Yvetot.

En 1787, M. d'Albon fit rebâtir la halle dont le frontispice fut décoré de l'inscription suivante : *Gentium commodo, Camillus III.*

Camille III eut pour successeur son unique enfant, Victorine, première et dernière du nom, celle même qui épousa M. de Vauquelin, et qui a paru, au milieu de nous, douée de toutes les qualités propres à faire, sur un trône plus réel, l'apanage d'une reine débonnaire. Sa famille et les pauvres l'ont perdue le 31 octobre 1839.

La petite orpheline, ci-devant reine ou princesse, eut promptement maille à partir et fil à retordre avec les vassaux, désormais émancipés, de son père.

La première escarmouche s'engagea, en janvier 1792, par une lettre où les maire et officiers municipaux d'Yvetot mettaient en avant leur intérêt à s'approprier un terrain occupé par le seigneur. « Pouvons-nous, disaient-ils, exiger qu'il nous le cède, et alors comment devons-nous nous y prendre ? »

Le procureur-syndic riposta en les renvoyant à la loi, qui ne leur laissait que l'option d'acheter ou de louer.

L'année suivante, ces Messieurs *s'honorent du titre de citoyens* commissaires du Conseil général de la commune d'Yvetot, et demandent au Directoire de la Seine-Inférieure l'autorisation d'acheter, du propriétaire, les halles et bâtiments servant au marché.

Renvoi au Directoire du district de Caudebec, lequel,

« attendu que les requérants n'assignent pas de deniers à l'appui de leur demande, est d'avis qu'il n'y a lieu à délibérer. »

La commune, qui voulait ainsi acheter le bien de Mlle. d'Albon sans offrir de quoi le payer, écus ou assignats, recourut à un moyen très-expéditif d'acquitter toutes ses dettes de reconnaissance envers les anciens seigneurs : ce fut de faire évaporer en fumée tous les titres. A cet effet, tout ce qui restait d'anciennes archives d'Yvetot fut brûlé en pleine place publique de la ci-devant capitale du ci-devant royaume. Cet acte de complète immolation d'une petite illustration historique eut lieu, bien entendu, en 1793; mais à quel jour ? Ce fut peut-être dans une des journées *sans-culottides,* par lesquelles la loi d'alors complétait une année de l'ère républicaine. Les amateurs de dates précises pour les pièces curieuses peuvent aller interroger le registre des délibérations municipales , sur lequel a été transcrit le procès-verbal.

Plus tard, un arrêté préfectoral du 6 floréal an XI autorisa le Conseil municipal d'Yvetot à percevoir un droit de location sur les places de foire et marché d'Yvetot.

Cet arrêté, qui laissait en-dehors les droits de la vraie propriétaire, fut exécuté pendant plusieurs années au bout desquelles elle trouva, dans le mari qu'elle s'était choisi, un défenseur et un soutien. M. de Vauquelin sut alors, comme depuis, devant toutes les juridictions, tenir haut et ferme l'antique devise: *Dieu et mon droit.* Il appela, de l'autorité préfectorale de l'an XI, à celle de 1807, et obtint du Conseil de préfecture (29 avril) qu'il réintégrât Mme. de Vauquelin dans sa propriété et jouissance , les droits devant cesser d'être perçus au profit de la ville d'Yvetot.

Pourvoi de la commune, et arrêté par lequel le Préfet (6 juillet) suspend l'arrêté de son Conseil de préfecture, remet en vigueur celui de floréal an XI, jusqu'à ce qu'il soit statué par le Conseil d'État.

En 1813, la lutte continuait, et le Conseil municipal, dans une délibération longue et détaillée, établissait qu'une partie des terrains en question avait été donnée absolument et sans réserve à la commune, par feu M. d'Albon ; cette reconnaissance d'une des bontés de Camille III peut entrer en appréciation de la gratitude témoignée à sa fille.

Cette longue contestation fut suspendue par un avis du Conseil d'État, du 9 novembre 1814, qui annulait tout à la fois l'arrêté de floréal an XI, et celui du 29 avril 1807, et qui renvoyait les parties devant les tribunaux.

Le tribunal civil d'Yvetot, par jugement du 10 avril 1818, reconnut le droit de Mme. de Vauquelin, l'envoya en possession de ses terrains et des tarifs à y percevoir, avec restitution à son profit de tous les droits prélevés antérieurement.

Ainsi, la justice ordinaire apposa le sceau de la légalité et du droit sur les efforts persévérants de M. le baron de Vauquelin ; toutefois il tint, en frappant d'appel cette sentence, à avoir raison de certaines réserves, et il amena la commune d'Yvetot à une transaction approuvée par ordonnance royale du 17 septembre 1825, et consommée enfin le 8 mai 1833, par la cession et vente des biens ci-après :

1°. Le grand édifice des halles aux grains ;

2°. L'Hôtel-de-Ville, avec les jardins et terrains adjacents ;

3°. La Place-d'Armes, avec ses deux rangées d'arbres,

ainsi que les autres places où se tiennent les marchés au poisson, à la viande, etc. ;

4°. La promenade, dite Jardin anglais ;

5°. Le Champ-de-Mars, où se tiennent les foires.

En acquérant ainsi tout ce qui sur son sol attestait encore la grandeur qu'y avaient imprimée les anciens seigneurs et bienfaiteurs du pays, la ville d'Yvetot, qui avait mis tant *d'intérêt à se l'approprier*, mit réellement fin, on peut le dire, à la royauté nominale qui l'avait rendue célèbre de par le monde, elle commença son autonomie pour laquelle Dieu lui soit en aide !

Nous avons cru que ces détails, sur la fin réelle d'une petite royauté normande, n'étaient pas sans quelque intérêt historique pour les lecteurs du pays, outre qu'ils se rattachent à la vie et au caractère de M. de Vauquelin.

Avant de prendre ainsi congé des anciens vassaux de la famille, il avait, par pièces produites en 1815, établi les faits suivants qui peuvent servir à une sorte de liquidation morale entre les parties que nous venons de voir en présence :

« Il est de la connaissance d'un grand nombre d'habi-
« tants que feu M. d'Albon avait abattu son château et les
« avenues pour construire une partie des halles.

« Il n'y a pas un siècle, la ville d'Yvetot n'était qu'un
« très-petit village qui n'avait d'importance que parce
« qu'il était occupé par l'habitation des anciens princes
« de ce nom ; mais presque subitement et par les soins
« de la maison d'Albon, ce village devint une ville de
« commerce considérable. Les habitants du pays ne
« parlaient de tant de travaux et de bienfaits, qu'avec
« l'expression de la reconnaissance. »

Les d'Albon ont ainsi amené à tout son développement

le principe de progrès et d'accroissement de population qu'Yvetot puisait dans l'existence féodale qui, ainsi que l'attestent les historiens (1), avait été faite aux seigneurs dont ils ont clos la liste.

L'agrandissement dû à cette cause finit par recevoir une consécration authentique et officielle : la loi du 19 brumaire et 23 prairial an II mit fin à la primauté que possédait depuis des siècles une ville voisine, célèbre pour avoir soutenu des siéges importants, et qui était restée le chef-lieu du grand-bailliage de Caux. L'administration de district que possédait Caudebec fut déplacée et transférée à l'ancien village d'Yvetot, qui acquit ainsi les honneurs et les avantages d'un chef-lieu de sous-préfecture.

Jusque-là, Yvetot avait été tellement inféodé à ses seigneurs successifs, qu'il ne possédait point d'autres armoiries que les leurs et n'en avait point qui lui fussent propres.

Il en a encore été ainsi jusqu'à ce moment, car il y a quelques années, à Rouen, lorsqu'on reconstruisit les bâtiments des archives départementales, l'architecte désira décorer la façade avec les armoiries des cinq chefs-lieux d'arrondissement de la Seine-Inférieure. Embar-

(1) Douze de nos rois, à commencer par Charles VII, ont maintenu les seigneurs d'Yvetot en la jouissance de leurs franchises, et les habitants dans l'exemption des tailles, droits de subsistances, visites des commis des fermes pour le sel, etc. Ainsi cette seigneurie n'est aujourd'hui sujette à aucun des droits que le roi lève sur les autres sujets. Piganiol de La Force, *Répertoire de la France* (1754), 3ᶜ. édit., p. 173.

La plupart des priviléges de la terre d'Yvetot ayant été renouvelés par nos rois, le bourg s'est accru, et les habitants s'y sont multipliés considérablement. Voir Toussaint Duplessis, *Description de la Haute-Normandie* (1740).

rassé pour Yvetot, et n'étant point autorisé à lui attribuer l'écusson des d'Albon, il imagina de donner pour armoiries à cette ville, ainsi déshéritée de ses souvenirs, trois gerbes de blé. Notre honorable homonyme, M. Charles de Robillard de Beaurepaire, archiviste en chef du département, à l'obligeance duquel nous devons la connaissance de beaucoup des détails ci-dessus, fait, à l'occasion de cet écusson improvisé par une fantaisie d'architecte, la juste remarque que la reconnaissance inspirera mieux la ville d'Yvetot, lorsqu'elle se cherchera des armoiries.

Cette bonne inspiration ne paraît pas faire défaut, car, il y a trois ans, Yvetot fit faire à la famille d'Albon, dans ce sens, des ouvertures indirectes qui n'ont point été écartées, et il nous semble que, dans un temps où les villes de France se plaisent, comme elles y sont autorisées et encouragées, à étaler, dans des fêtes pompeuses et rétrospectives, leurs insignes historiques, et à rivaliser entre elles d'emblèmes héraldiques, les anciens dauphins ne figureraient pas trop mal pour Yvetot, à côté du mouton de Rouen.

De cette digression assez naturelle, revenons à M. de Vauquelin. Baron, prince, ou roi, il était dépourvu de faste et de vanité, et vivait avec simplicité dans son petit manoir d'Ailly. Pour emprunter, en passant, un mot au chantre célèbre d'un autre roi d'Yvetot, qu'il nous soit permis de dire ici que ce gentil chastel qu'aimait et choyait le gendre et héritier de Camille III était *son palais de chaume*, comparé au somptueux château d'Averne, où il ne voulut jamais établir sa résidence.

Parmi les belles qualités que nous lui connaissions tous, il faut compter sa noblesse de sentiments, sa loyauté, sa droiture, qui ne se sont jamais démenties, pas plus que sa fidélité aux traditions de la famille.

Nous croyons devoir terminer ces lignes par un souvenir de nos relations avec le défunt. Frappé, dans un de nos enfants, d'un grave et constant sujet d'alarmes, nous avons vu le noble vieillard, sur la fin d'une vie qui allait se prolonger au-delà de quatre-vingt-dix ans, s'associer à cette affliction avec une persévérante sensibilité, venant lui-même, ou s'enquérant, ou écrivant, même lorsqu'il pouvait *à peine tenir sa plume.* Quelques-unes de ses lettres, que nous ne pouvons relire sans émotion, suffiraient pour faire apprécier ce cœur qui ne bat plus, cet homme qui, tristement privé de prendre sa part au commerce habituel de la vie sociale, n'y pouvait pas toujours rencontrer les justes sympathies dues à d'utiles travaux, comme à un caractère charitable et compatissant.

Caen, typ. de A. Hardel.

9 782012 962934